U0673178

中国的民主

（2021 年 12 月）

中华人民共和国
国务院新闻办公室

人民出版社

法,全面实施准入前国民待遇加负面清单管理制度,持续放宽市场准入。2020年,中国实际使用外商直接投资金额10342.8亿元人民币,规模再创历史新高。中国是50多个国家和地区的最大贸易伙伴、120多个国家和地区的前三大贸易伙伴,在国际大循环中的地位日益突出。中国经济持续健康发展,消费结构持续优化,消费需求不断升级,超大规模消费市场优势十分明显。今天,"中国制造"和"中国服务"共同发展,"世界工厂"和"世界市场"互促共进,中国为世界各国企业提供更广阔的市场、更宝贵的合作契机和更大的发展空间。

中国全面建成小康社会,为人类走向现代化探索了新路径。当今世界,仍面临着严重的发展困境。中国共产党立足中国国情,把握经济社会发展规律,在中国大地上探寻适合自己的道路和方法,全面建成小康社会,走出了一条中国式现代化新道路,创造了人类文明新形态。这个现代化是人口规模巨大的现代化,是全体人民共同富裕的现代化,是物质文明和精神文明相协调的现代化,是人与自然和谐共生的现代化,是走和平发展道路的现代化。中国全面建成小康社会,为世界上那些既希望加快发展又希望保持自身独立性的国家和民族提供了全新选择,为各国发展提供

目　录

前　言

　　民主是全人类的共同价值，是中国共产党和中国人民始终不渝坚持的重要理念。

　　今年是中国共产党成立100周年。100年前，中国共产党一经诞生，就把为中国人民谋幸福、为中华民族谋复兴确立为自己的初心和使命，为实现人民当家作主进行了不懈探索和奋斗。100年来，党高举人民民主旗帜，领导人民在一个有几千年封建社会历史、近代成为半殖民地半封建社会的国家实现了人民当家作主，中国人民真正成为国家、社会和自己命运的主人。

　　中国的民主是人民民主，人民当家作主是中国民主的本质和核心。党的十八大以来，党深化对中国民主政治发展规律的认识，提出全过程人民民主重大理念并大力推进，民主价值和理念进一步转化为科学有效的制度安排和具体现实的民主实践。全过程人民民主，实现了过程民主和成果民主、程序民主和实质民主、直接民主和间接民主、人民民主和国家意志相统一,是全链条、全方位、全覆盖的民主,是最广泛、最真实、最管用的社会主义民主。

民主是历史的、具体的、发展的,各国民主植根于本国的历史文化传统,成长于本国人民的实践探索和智慧创造,民主道路不同,民主形态各异。评价一个国家政治制度是不是民主的、有效的,主要看国家领导层能否依法有序更替,全体人民能否依法管理国家事务和社会事务、管理经济和文化事业,人民群众能否畅通表达利益要求,社会各方面能否有效参与国家政治生活,国家决策能否实现科学化、民主化,各方面人才能否通过公平竞争进入国家领导和管理体系,执政党能否依照宪法法律规定实现对国家事务的领导,权力运用能否得到有效制约和监督。

民主不是装饰品,不是用来做摆设的,而是要用来解决人民需要解决的问题的。一个国家民主不民主,关键在于是不是真正做到了人民当家作主,要看人民有没有投票权,更要看人民有没有广泛参与权;要看人民在选举过程中得到了什么口头许诺,更要看选举后这些承诺实现了多少;要看制度和法律规定了什么样的政治程序和政治规则,更要看这些制度和法律是不是真正得到了执行;要看权力运行规则和程序是否民主,更要看权力是否真正受到人民监督和制约。

民主是各国人民的权利,而不是少数国家的专利。一个国家是不是民主,应该由这个国家的人民来评判,而不应该由外部少数人指手画脚来评判。国际社会哪个国家是不是民主的,应该由国际社会共同来评判,而不应该由自以为是的少数国家来评判。实现民主有多种方式,不可能千篇一律。用单一的标尺衡量世界丰富多彩的政治制度,用单调的眼光审视人类五彩缤纷的政治文明,本身就是不民主的。

民主是多样的,世界是多彩的。在世界文明的百花园里,中国的民主之花绚丽绽放。中国愿与各国交流互鉴、携手合作,为人类政治文明发展进步贡献智慧和力量。

一、中国共产党领导人民 实现全过程人民民主

　　中华民族是历史悠久、勤劳智慧的民族,创造了辉煌灿烂的政治文明。在 5000 多年历史长河中,中国人民探索形成的民本思想,蕴含着丰富的民主因素,体现了中国人民对民主的朴素认知和不懈追求。但是,在封建专制之下,广大劳动人民始终处于受压迫受剥削的最底层。近代以后,中国逐步成为半殖民地半封建社会,国家将倾,民族将亡,人民毫无民主可言。为救亡图存,中国人民奋起抗争,各种革命变革接连而起,各种救国方案轮番出台,但都未能取得成功。辛亥革命后,中国模仿议会制、多党制、总统制等西方政治制度模式的各种尝试都以失败告终。以"民主""科学"为基本口号的新文化运动的兴起,俄国十月革命的胜利,五四运动的爆发,马克思主义在中国的传播,促进了中国人民的伟大觉醒,中国先进分子对民主有了更加深刻的思考和新的认知。

1921 年，中国共产党成立，点亮了中国的民主之光。新民主主义革命时期，党领导人民为争取民主、反抗压迫和剥削进行了艰苦卓绝斗争，取得新民主主义革命胜利，成立新中国，实现了中国从几千年封建专制政治向人民民主的伟大飞跃，中国人民从此站起来了，中国民主发展进入新纪元，人民当家作主从梦想变为现实。社会主义革命和建设时期，党领导人民建立和巩固国家政权，对生产资料进行社会主义改造，制定颁布新中国第一部宪法，确立人民代表大会制度、中国共产党领导的多党合作和政治协商制度、民族区域自治制度，人民当家作主的政治架构、经济基础、法律原则、制度框架基本确立并不断发展，中国的民主大厦巍然耸立起来。改革开放和社会主义现代化建设新时期，党领导人民坚定不移推进社会主义民主法治建设，坚持中国特色社会主义政治发展道路，坚持党的领导、人民当家作主、依法治国有机统一，积极稳妥推进政治体制改革，巩固和发展人民代表大会制度，进一步完善中国共产党领导的多党合作和政治协商制度、民族区域自治制度、基层群众自治制度等基本政治制度，民主发展的政治制度保障和社会物质基础更加坚实。

党的十八大以来，中国特色社会主义进入新时代。以习近平同志为核心的党中央,立足新的历史方位,深刻把握中国社会主要矛盾发生的新变化,积极回应人民对民主的新要求新期盼,深刻吸取古今中外治乱兴衰的经验教训,全面总结中国民主发展取得的显著成就,团结带领人民发展全过程人民民主,中国的民主发展进入历史新时期。坚持和加强党的全面领导,深化党和国家机构改革,党对发展全过程人民民主的领导进一步加强。推进国家治理体系和治理能力现代化,确立和坚持中国特色社会主义根本制度、基本制度、重要制度,人民当家作主制度体系更加健全。全面推进民主选举、民主协商、民主决策、民主管理、民主监督,协同推进选举民主与协商民主,人民依法有序政治参与不断扩大,人民的民主生活丰富多彩。全过程人民民主,使人民当家作主更好体现在国家政治生活和社会生活之中,中国特色社会主义政治制度优越性得到更好发挥,生动活泼、安定团结的政治局面得到巩固发展,激发和凝聚了中国人民奋斗新时代的磅礴力量。党团结带领人民,取得抗击新冠肺炎疫情重大战略成果,历史性地解决绝对贫困问题,全面建成小康社会,化解一系列重大风险,开启全面建设社会主义现代化国家新征程,向着全体人民共同富裕迈进,全过程人民民主在中华大地展示出勃勃生机和强大生命力,中国人民的民主自信更加坚定,中国的民主之路越走越宽广。

全过程人民民主,是中国共产党团结带领人民追求民主、发展民主、实现民主的伟大创造,是党不断推进中国民主理论创新、制度创新、实践创新的经验结晶。中国共产党的奋斗史,是团结带领人民探索、形成、发展全过程人民民主的奋斗史。全过程人民民主,是近代以来党团结带领人民长期奋斗历史逻辑、理论逻辑、实践逻辑的必然结果,是坚持党的本质属性、践行党的根本宗旨的必然要求。全过程人民民主,充分彰显社会主义国家性质,充分彰显人民主体地位,使人民意志得到更好体现、人民权益得到更好保障、人民创造活力进一步激发。全过程人民民主,形成和发展于党领导人民争取民族独立、人民解放和实现国家富强、人民幸福的不懈奋斗,扎根在广袤的中华大地,吸吮着中华民族漫长奋斗积累的文化养分,学习借鉴人类文明优秀成果,符合中国国情,得到人民衷心拥护,具有深厚现实基础和广阔发展前景。全过程人民民主,具有完整的制度程序和完整的参与实践,使选举民主和协商民主这两种重要民主形式更好结合起来,构建起覆盖960多万平方公里土地、14亿多人民、56个民族的民主体系,实现了最广大人民的广泛持续参与。全过程人民民主,既有鲜明的中国特色,也体现全人类共同价值,为丰富和发展人类政治文明贡献了中国智慧、中国方案。

中国共产党的领导,是中国发展全过程人民民主的根本保证。在中国这样一个大国,真正把 14 亿多人民的意愿表达好、实现好并不容易,必须有坚强有力的统一领导。中国共产党始终坚持以人民为中心、坚持人民主体地位,真正为人民执政、靠人民执政;充分发挥总揽全局、协调各方的领导核心作用,保证党领导人民有效治理国家,保证人民民主的理念、方针、政策贯彻到国家政治生活和社会生活的方方面面;坚持一切为了群众,一切依靠群众,从群众中来,到群众中去的群众路线,密切同人民群众的联系,凝聚起最广大人民的智慧和力量;坚持党内民主,实行民主选举、民主决策、民主管理、民主监督,带动和促进人民民主的发展;健全选人用人制度机制,使各方面优秀人才进入党的领导体系和国家治理体系,确保党和国家的领导权掌握在忠于马克思主义、忠于党、忠于人民的人手中;坚持依法执政、依法治国,领导立法、保证执法、支持司法、带头守法,通过法治保障党的政策有效实施、保障人民当家作主。

二、具有科学有效的制度安排

在中国,国家各项制度都是围绕人民当家作主构建的,国家治理体系都是围绕实现人民当家作主运转的,全过程人民民主具有完整的制度程序。这些制度程序,形成了全面、广泛、有机衔接的人民当家作主制度体系,构建了多样、畅通、有序的民主渠道,有效保证了党的主张、国家意志、人民意愿相统一,有效保证了人民当家作主。

(一) 实行人民民主专政的国体

中国是工人阶级领导的、以工农联盟为基础的人民民主专政的社会主义国家。人民民主专政,体现中国的国家根本性质。

中国坚持民主与专政有机统一,保证了人民当家作主。一方面,始终坚持人民民主专政中的"民主",坚持国家的一切权力属于人民,保证人民依照宪法和法律规定,通过各种途径和形式,管理国家事务,管理经济和文化事业,管理社会事务;另一方面,始终坚持人民民主专政中的"专政",充分履行国家政权的专政职能,依法打击破坏社会主义制度、颠覆国家政权、危害国家安全和公共安全等各种犯罪行为,维护法律尊严和法律秩序,保护国家和人民利益。民主和专政不是矛盾的,都是为了保证人民当家作主。打击极少数是为了保护大多数,实行专政是为了实现民主。

(二) 实行人民代表大会制度的政体

人民代表大会制度,是适应人民民主专政国体的政权组织形式,是中国的根本政治制度,是中国人民当家作主的根本途径和最高实现形式,是实现全过程人民民主的重要制度载体。人民代表大会制度,坚持国家一切权力属于人民,最大限度保障人民当家作主,把党的领导、人民当家作主、依法治国有机结合起来,有效保证国家治理跳出治乱兴衰的历史周期率。人民代表大会制度,正确处理事关国家前途命运的一系列重大政治关系,实现国家统一有效组织各项事业,维护国家统一和民族团结,有效保证国家政治生活既充满活力又安定有序。

人民通过人民代表大会有效行使国家权力。人民代表大会代表人民统一行使国家权力,全国人民代表大会是最高国家权力机关,地方人民代表大会是地方国家权力机关。各级国家行政机关、监察机关、审判机关、检察机关都由人民代表大会产生,对人大负责、受人大监督。人民代表大会有立法权、监督权、决定权、任免权。全国人民代表大会及其常务委员会行使国家立法权,全国人民代表大会行使修改宪法以及制定和修改刑事、民事、国家机构的和其他的基本法律的权力;全国人民代表大会对国家主席、副主席,国务院总理、副总理及其他组成人员,中央军事委员会主席及其他组成人员,国家监察委员会主任,最高人民法院院长,最高人民检察院检察长行使人事任免权;全国人民代表大会对事关国家发展、人民利益的重大问题,包括国民经济和社会发展计划和计划执行情况的报告、国家的预算和预算执行情况的报告行使审查和批准权等;全国人民代表大会及其常务委员会行使对宪法实施、"一府一委两院"工作等的监督权。地方各级人民代表大会及其常务委员会依法行使相应职权。人民代表大会制度,实现了广泛民主,使各级人民代表大会有高度的权力,保证了人民掌握和行使国家权力,国家和民族前途命运牢牢掌握在人民手中。

人大代表充分反映人民呼声。人大代表来自人民,横向上,来自各地区、各民族、各方面、各阶层;纵向上,全国、省、市、县、乡五级都有人民代表大会,具有广泛代表性。截至 2020 年底,全国共有人大代表 262 万名,其中县乡两级人大代表占代表总数的 94.5%。人大代表充分发挥植根人民的优势,依法认真履职尽责,通过各种形式和渠道听取和反映人民群众的意见建议。一年一度的各级人民代表大会会议,乡、县、市、省、全国自下而上、逐级召开,使得人民群众意愿和呼声能够真实反映、向上传递。改革开放以来,每年的全国人大会议上,近 3000 名全国人大代表共商国家发展大计、共议民生热点问题,党和国家领导人当面倾听意见建议,让人民的所思所盼融入国家发展顶层设计。各国家机关依法认真研究办理人大代表提出的议案、建议,许多被吸纳进政策决策中。

人民代表大会制度,为中国共产党领导人民有效治理国家提供了重要制度保障。党通过人民代表大会制度,使党的主张通过法定程序成为国家意志,使党组织推荐的人选通过法定程序成为国家政权机关的领导人员,通过国家政权机关实施党对国家和社会的领导,维护党和国家权威、维护全党全国团结统一。实践充分证明,人民代表大会制度是符合中国国情和实际、体现社会主义国家性质、保证人民当家作主、保障实现中华民族伟大复兴的好制度,必须长期坚持、全面贯彻、不断发展。

（三）坚持和完善中国共产党领导的
多党合作和政治协商制度

中国共产党领导的多党合作和政治协商制度是中国的一项基本政治制度。这一制度植根中国土壤、彰显中国智慧，又积极借鉴和吸收人类政治文明优秀成果，是中国新型政党制度。宪法规定，中国共产党领导的多党合作和政治协商制度将长期存在和发展。

在中国，除了中国共产党，还有八个民主党派①。在人民民主的共同旗帜下，中国共产党与各民主党派长期共存、互相监督、肝胆相照、荣辱与共，形成了中国共产党领导的多党合作和政治协商制度这一具有鲜明中国特色和显著优势的新型政党制度。中国共产党是执政党，八个民主党派是接受中国共产党领导、同中国共产党亲密合作的参政党，是中国共产党的好参谋、好帮手、好同事。在中国，没有反对党，也没有在野党。中国既不是一党专政，也不是多党竞

---

① 八个民主党派包括：中国国民党革命委员会（简称"民革"）、中国民主同盟（简称"民盟"）、中国民主建国会（简称"民建"）、中国民主促进会（简称"民进"）、中国农工民主党（简称"农工党"）、中国致公党（简称"致公党"）、九三学社、台湾民主自治同盟（简称"台盟"）。

争、轮流执政，而是"共产党领导、多党派合作，共产党执政、多党派参政"。

中国共产党和各民主党派、无党派人士以会议协商、约谈协商、书面协商等形式，就国家和地方重大政策和重要事务进行协商。中国共产党自觉接受各民主党派、无党派人士的民主监督。中国共产党和各民主党派、无党派人士在国家政权中合作共事，民主党派成员和无党派人士在各级人大代表、人大常委会组成人员及人大专门委员会成员中均占一定数量，一些民主党派成员和无党派人士担任国家机关领导职务。各民主党派、无党派人士紧紧围绕国家中心工作，积极参政议政、建言献策，为国家发展发挥作用。

专栏1　政党协商

中共十八大以来，中共中央召开或委托有关部门召开政党协商会议170余次，先后就中国共产党全国代表大会和中央全会报告、修改宪法部分内容的建议、制定国民经济和社会发展中长期规划的建议、国家领导人建议人选等重大问题同党外人士真诚协商、听取意见，确保重大问题决策更加科学、民主。各民主党派中央、无党派人士深入考察调研，提出书面意见建议730余件，许多转化为国家重大决策。中共各级地方党委结合实际，就地方重大问题同民主党派各级地方组织进行协商，积极推动了当地经济社会发展。

中国人民政治协商会议是实行中国共产党领导的多党合作和政治协商制度的重要机构。人民政协作为专门协商机构,在协商中促进广泛团结、推进多党合作、实践人民民主,既秉承历史传统,又反映时代特征,充分体现了中国社会主义民主有事多商量、遇事多商量、做事多商量的特点和优势,是国家治理体系的重要组成部分和具有中国特色的制度安排。在人民政协制度平台上,各党派团体、各族各界人士发挥在界别群众中的代表作用,通过全体会议、常委会会议、主席会议、专门委员会会议、专题协商会议、协商座谈会议等,开展提案、委员视察考察、专题调研、反映社情民意等经常性工作,对国家大政方针、经济社会各领域重要问题,在决策之前和决策实施之中进行广泛协商、平等协商、有序协商、真诚协商,提出意见建议。中国共产党采纳和集中他们的意见建议,各党派团体、各族各界人士接受党的主张并在各界别群众中宣传解释党的方针政策,增信释疑,最广泛地反映民意,最充分地集思广益,最大限度地凝聚共识,巩固团结奋斗的共同思想基础。全国政协全体会议与全国人大会议每年同期召开,政协委员不仅要讨论政协的问题,还要列席全国人大会议,参加对有关法律修改、"一府两院"工作报告等的讨论,这样的制度安排真正实现了让人人起来负责、人人监督政府工作,形成了具有中国特色的"两会"式民主。

专栏2 全国政协双周协商座谈会

全国政协双周协商座谈会是一种定期协商座谈会制度,是中国协商民主的重要创新实践之一。它以界别为基础、专题为内容、对口为纽带、座谈为主要方法,融专题协商、对口协商、界别协商、提案办理协商于一体,推动人民政协的四种重要协商形式集中呈现。全国政协双周协商座谈会围绕国计民生建言献策,发挥人民政协作为协商民主重要渠道和专门协商机构的作用。2013年10月22日至2021年11月6日,全国政协双周协商座谈会累计召开132次。

中国共产党领导的多党合作和政治协商制度,真实、广泛、持久代表和实现最广大人民根本利益、全国各族各界根本利益,有效避免了旧式政党制度代表少数人、少数利益集团的弊端;把各个政党和无党派人士紧密团结起来、为着共同目标而奋斗,有效避免了一党缺乏监督或者多党轮流坐庄、恶性竞争的弊端;通过制度化、程序化、规范化的安排集中各种意见和建议、推动决策科学化民主化,有效避免了旧式政党制度囿于党派利益、阶级利益、区域和集团利益决策施政导致社会撕裂的弊端。

（四）巩固和发展最广泛的爱国统一战线

统一战线是中国共产党凝聚人心、汇集力量的重要法宝。在人民民主实践中,中国共产党始终把统一战线摆在重要位置,坚持大团结大联合,坚持一致性和多样性相统一,统筹做好民主党派和无党派人士工作、党外知识分子工作、民族工作、宗教工作、非公有制经济领域统战工作、新的社会阶层人士统战工作、港澳台统战工作、海外统一战线工作和侨务工作,团结一切可以团结的力量、调动一切可以调动的积极因素,广泛凝聚共识,寻求最大公约数、画出最大同心圆,不断促进政党关系、民族关系、宗教关系、阶层关系、海内外同胞关系和谐,最大限度凝聚起中华民族一切智慧和力量。

中国人民政治协商会议是中国人民爱国统一战线的组织。全国政协设 34 个界别,由中国共产党、各民主党派、无党派人士、人民团体、各少数民族和各界的代表,香港特别行政区同胞、澳门特别行政区同胞、台湾同胞和归国侨胞的代表以及特别邀请的人士组成。全国政协十三届一次会议共有委员 2100 多人,其中非中共党员占 60.2%。这样的组织构成,体现了大团结大联合的重要特征,能够在热爱中华人民共和国、拥护中国共产党的领导、共同致力于实现中华民族伟大复兴的政治基础上,求同存异、聚同化异,最大限度地调动一切积极因素、团结一切可以团结的人,最大限度凝聚起共同团结奋斗的强大力量。

（五）坚持和完善民族区域自治制度

中国是统一的多民族国家,铸牢中华民族共同体意识,始终保持国家完整统一,实现各民族共同团结奋斗、共同繁荣发展,是中国共产党民族政策的方针宗旨。民族区域自治制度,是指在国家统一领导下,各少数民族聚居的地方实行区域自治,设立自治机关,行使自治权的制度。民族区域自治制度在宪法以及民族区域自治法中得到明确,是中国的一项基本政治制度。

中国实行民族区域自治,以领土完整、国家统一为前提和基础,体现了统一与自治的结合、民族因素与区域因素的结合,完全符合中国国情和实际。中国的民族区域自治,是在国家统一领导下的自治,各民族自治地方都是中国不可分离的一部分,民族自治地方的自治机关都是中央政府领导下的一级地方政权,都必须服从中央统一领导。

实行民族区域自治,从制度和政策层面保障了少数民族公民享有平等自由权利以及经济、社会、文化权利。155个民族自治地方的人民代表大会常务委员会中,均有实行区域自治民族的公民担任主任或者副主任;民族自治地方政府的主席、州长、县长或旗长,均由实行区域自治的民族的公民担任。中国根据各少数民族的特点和需要,帮助各少数民族地区加速经济和文化发展。

民族区域自治制度,极大增强了各族人民当家作主的自豪感责任感,极大调动了各族人民共创中华民族美好未来、共享中华民族伟大荣光的积极性主动性创造性。在这一制度框架下,中华民族大团结的局面不断巩固,各族人民交往交流交融日益广泛深入,平等团结互助和谐的社会主义民族关系不断发展,56个民族像石榴籽一样紧紧抱在一起,中华民族共同体意识日益牢固。

(六) 坚持和完善基层群众自治制度

中国人口多、地域广,基层治理差异大。中国实行以村民自治制度、居民自治制度和职工代表大会制度为主要内容的基层群众自治制度,人民群众在基层党组织的领导和支持下,依法直接行使民主权利,实现自我管理、自我服务、自我教育、自我监督,有效防止了人民形式上有权、实际上无权的现象。

村（居）民自治。村（居）民在基层党组织的领导下，成立村（居）民委员会，依法直接行使民主权利，依法管理基层公共事务和公益事业。实行民主选举，由村（居）民选举村（居）民委员会组成人员；实行民主协商，由村（居）民采取多种形式开展协商议事；实行民主决策，由村（居）民通过村（居）民会议或村（居）民代表会议对社区公共事务和公益事业等作出决定；实行民主管理，由村（居）民讨论决定村（居）民自治章程、村规民约、居民公约等，并进行自我管理；实行民主监督，由村（居）民推选产生村（居）务监督委员会，监督村（社区）事务和村（居）务公开制度落实。截至 2020 年底，50.3 万个行政村全部建立了村民委员会，11.2 万个社区全部建立了居民委员会。

企事业单位职工依法行使民主权利。企事业单位建立以职工代表大会为基本形式的民主管理制度，职工在企事业单位重大决策和涉及职工切身利益等重大事项上发挥积极作用；企事业单位推行职工董事、职工监事制度，全面实行厂务公开制度，探索领导接待日、劳资恳谈会、领导信箱等形式，反映职工诉求，协调劳动关系和保障职工合法权益，对单位生产和管理提出意见建议，为单位发展献计献策。企业工会委员会是职工代表大会的工作机构,现阶段,中国共有 280.9 万个基层工会组织,覆盖 655.1 万个企事业单位。

基层民主创新十分活跃。从城乡社区里的村(居)民议事会、村(居)民论坛、民主恳谈会、民主听证会到党代表、人大代表、政协委员联合进社区,从"小院议事厅"到"板凳民主",从线下"圆桌会"到线上"议事群",中国人民在火热的基层生活中,摸索创造了一个又一个充满烟火气的民主形式。人们通过这些接地气、聚人气的民主实践,围绕涉及自身利益的实际问题,发表意见建议,进行广泛协商,利益得到协调,矛盾有效化解,促进了基层稳定和谐。基层民主许多好的经验做法成为国家政策,为中国民主发展不断注入新的动力。

专栏3 枫桥经验

20 世纪 60 年代初,浙江诸暨枫桥镇干部群众创造了"发动和依靠群众,坚持矛盾不上交,就地解决,实现捕人少,治安好"的"枫桥经验"。此后,"枫桥经验"在实践中不断丰富发展,特别是党的十八大以来形成了特色鲜明的新时代"枫桥经验"。其内涵是,坚持和贯彻党的群众路线,在党的领导下,充分发动群众、组织群众、依靠群众解决群众自己的事情,做到"小事不出村、大事不出镇、矛盾不上交"。

基层群众自治制度,增强了基层群众的民主意识和民主能力,培养了基层群众的民主习惯,充分彰显了中国民主的广泛性和真实性。基层群众自治,使得社会细胞都活跃起来,使"微治理"富有活力、更有效率,为建设人人有责、人人尽责、人人享有的基层治理共同体提供了坚实制度保障。

三、具有具体现实的民主实践

中国发展全过程人民民主，既有完整的制度程序，也有完整的参与实践。全过程人民民主，把选举民主与协商民主结合起来，把民主选举、民主协商、民主决策、民主管理、民主监督贯通起来，涵盖经济、政治、文化、社会、生态文明等各个方面，关注国家发展大事、社会治理难事、百姓日常琐事，具有时间上的连续性、内容上的整体性、运行上的协同性、人民参与上的广泛性和持续性，使国家政治生活和社会生活各环节、各方面都体现人民意愿、听到人民声音，有效防止了选举时漫天许诺、选举后无人过问的现象。

（一）民主选举

人民通过选举、投票行使权利，选出代表自己意愿的人来掌握并行使权力，是中国民主的一种重要形式，是人民实现当家作主的重要体现。

中国的选举是广泛的,有国家机构选举、村(居)委会选举、企事业单位职工代表大会选举等,涵盖了国家政治生活和社会生活的各个方面;中国的选举是平等的,人民的选举权和被选举权得到充分保障,一人一票、票票等值;中国的选举是真实的,不受金钱操控,选民按照自己的意愿选出自己信任的人;中国的选举是发展的,选举形式手段随着经济社会的发展不断创新和丰富。

国家机构选举。国家机构选举是指,选举产生全国人民代表大会和地方各级人民代表大会,由各级人大选举产生同级国家机关领导人员。在中国,年满 18 周岁、具有中华人民共和国国籍、未被依法剥夺政治权利的公民,都有选举权和被选举权。从全国人大到乡级人大,五级人民代表大会代表均由民主选举产生,每届任期 5 年。按照普遍、平等、直接选举和间接选举相结合以及差额选举、无记名投票的原则,选民直接选举产生县乡两级人大代表,县级以上人大代表由下一级人大选举产生。各级国家机关领导人员均由同级人大选举产生或者决定任命。

专栏4　世界上规模最大的基层选举

　　2016年至2017年,中国县乡两级人大顺利完成新一轮换届选举工作,9亿多选民投下神圣的一票,参加了世界上规模最大的基层选举。选举工作涉及全国2850多个县(市、区)、32000多个乡镇,直接选举产生了247.8万名县乡两级人大代表,在此基础上选举产生了新一届县乡两级国家机关领导人员。

　　基层选举。基层选举是中国最广泛、最生动的民主实践,包括村(居)民委员会选举和企事业单位职工代表大会选举。村(居)民委员会由主任、副主任和委员组成,村(居)民委员会选举与县乡人大选举同步进行。村(居)民依法定期选举产生村(居)民委员会成员。在企事业单位中,职工代表大会是职工当家作主、行使民主管理权力的机构,职工代表由全体职工通过民主选举产生。

　　中国的民主选举是符合中国国情的,是与中国的发展阶段相适应的,是随着经济社会发展与时俱进的。几十年来,中国适时修改选举法,选举全国人大代表时,农村和城市每位代表所代表的人口比例从新中国成立初期的8∶1,到1995年的4∶1,再到2010年的1∶1,逐步实现了城乡人口的平等选举。人们的民主意识不断增强,参选率不断提高。改革开放以来,中国先后进行12次乡级人大代表直接选举、11 次县级人大代表直接选举，选民参选率均保持在90%左右。

（二）民主协商

有事好商量，众人的事情由众人商量，找到全社会意愿和要求的最大公约数，是人民民主的真谛。人民在通过选举、投票行使权利的同时，在重大决策前和决策过程中进行充分协商，尽可能就共同性问题取得一致意见。协商民主是中国民主独特的、独有的、独到的民主形式。

具有深厚基础。协商民主源自中华民族长期形成的天下为公、兼容并蓄、求同存异等优秀政治文化，源自近代以后中国政治发展的现实进程，源自中国共产党领导人民进行不懈奋斗的长期实践，源自新中国成立后各党派、各团体、各民族、各阶层、各界人士在政治制度上共同实现的伟大创造，源自改革开放以来中国在政治体制上的不断创新，具有深厚的文化基础、理论基础、实践基础、制度基础。

形式广泛多样。在各领域各层级，人民群众就改革发展稳定的重大问题以及事关自身利益的问题，通过提案、会议、座谈、论证、听证、评估、咨询、网络、民意调查等多种途径和方式,在决策之前和决策实施之中开展广泛协商。涉及全国各族人民利益的事情,在全体人民和全社会中广泛商量;涉及一个地方人民群众利益的事情,在这个地方的人民群众中广泛商量;涉及一部分群众利益、特定群众利益的事情,在这部分群众中广泛商量;涉及基层群众利益的事情,在基层群众中广泛商量。

体系不断健全。中国不断完善协商民主的发展路径,探索形成了政党协商、人大协商、政府协商、政协协商、人民团体协商、基层协商、社会组织协商等协商渠道,推动协商民主广泛多层制度化发展。政党协商,是中国共产党就中共全国代表大会和中共中央委员会的有关重要文件、宪法修改、有关重要法律的制定和修改、国家领导人建议人选、国民经济和社会发展的中长期规划以及年度经济社会发展情况、关系改革发展稳定等重要问题、统一战线和多党合作的重大问题等,同民主党派开展协商;人大协商,是各级人大在依法行使职权中与有关国家机关、社会组织、专家学者、人民群众开展协商;政府协商,是各级政府在履职尽责中与人大代表、政协委员以及民主党派、无党派人士、相关人民团体、社会组织以及群众代表等加强沟通协商;政协协商,是在中国共产党领导下,参加人民政协的各党派团体、各族各界人士履行职能，围绕改革发展稳定重大问题等，在决策之前和决策实施之中广泛协商、凝聚共识；人民团体协商，是人民团体就涉及群众切身利益的实际问题，特别是事关特定群体权益保障的，加强与政府相关部门的协商，积极参与政协组织的协商活动；基层协商，是基层党组织、基层政府、基层群众性自治组织、经济社会组织和群众等，就基层社会发展及事关群众切身利益的问题开展协商；社会组织协商，是各类社会组织就更好为社会服务，积极开展和参与协商。这七种协商渠道，极大丰富了民主形式、拓宽了民主渠道、加深了民主内涵。

中国的协商民主，广开言路，集思广益，促进不同思想观点的充分表达和深入交流，做到相互尊重、平等协商而不强加于人，遵循规则、有序协商而不各说各话，体谅包容、真诚协商而不偏激偏执，形成既畅所欲言、各抒己见，又理性有度、合法依章的良好协商氛围，充分发扬了民主精神，广泛凝聚了全社会共识，促进了社会和谐稳定。

（三）民主决策

民主决策是全过程人民民主的重要一环。好的决策，反映人民意愿,保障人民权益,增进人民福祉。在中国,察民情、听民声、顺民意,群策群力、集思广益成为常态,越来越多来自基层的声音直达各级决策层,越来越多的群众意见转化为党和政府的重大决策。

专栏5 "十四五"规划建议广泛征求意见

"十四五"规划建议起草,坚持发扬民主、开门问策、集思广益。习近平总书记先后主持召开企业家座谈会、扎实推进长三角一体化发展座谈会、经济社会领域专家座谈会、科学家座谈会、基层代表座谈会、教育文化卫生体育领域专家代表座谈会,当面听取各方面的意见和建议。建议稿下发党内一定范围征求意见,包括征求党内部分老同志意见,还专门听取了各民主党派中央、全国工商联负责人和无党派人士的意见。网上征求意见累计收到超过 101.8 万条建言,有关方面从中整理出 1000 余条建议。建议稿起草组逐条分析各方面意见和建议,做到了能吸收的尽量吸收,对建议稿增写、改写、精简文字共计 366 处,覆盖各方面意见和建议 546 条。

人大"开门立法"。各级人民代表大会及其常务委员会,坚持为民立法、民主立法,保障人民通过各种途径参与立法活动,努力让每一项立法反映人民意愿、得到人民拥护。法律立项,通过召开座谈会、听证会、论证会等方式,广泛听取意见,让人民的意志在立法的最初阶段就得到体现;法律草案起草,广泛听取公众意见和专业人士建议,探索委托第三方起草法律法规草案,让人民的诉求得

到充分体现;法律草案公布,通过网络和新闻媒体,向社会各界广泛征求意见。基层群众通过基层立法联系点,直接参与法律草案的起草、立法调研、修改论证、立法后评估等多个环节。

专栏6　基层立法联系点

基层立法联系点是汇聚民意民智的"直通车",一头连着国家权力机关,一头连着基层群众,不仅有效地推动了精细立法、科学立法,并且正在向监督执法、促进守法、宣传普法不断深化。2015年设立第一批基层立法联系点以来,截至2021年10月,全国人大常委会法工委共设立了20多个基层立法联系点,涉及21个省(区、市),覆盖2/3省份。各基层立法联系点共对127部法律草案、立法工作计划等提出近7800条意见建议。

政府"开门问策"。各级人民政府就即将实施的重大决策和各方提出的重大决策建议,充分听取各方面意见,保障人民群众通过多种途径和形式参与决策。在决策启动环节,人大代表、政协委员通过建议、提案等方式提出建议,公民、法人和其他组织提出书面建议,决策机关启动决策程序;在决策研究制定环节,通过座谈会、公开征求意见、听证会、问卷调查、实地走访等方式,广泛听取社会各界特别是直接关系人的意见和建议;在决策草案公示环节,通过政府网站和各类媒体,公布决策草案及其说明材料;在决策最终确定环节,按照民主集中制原则,在集体讨论的基础上作出决定;在决策后评估阶段,听取社会公众意见,吸收人大代表、政协委员、人民团体、基层组织、社会组织和专家等参与评估。

广大群众参与基层决策。基层群众通过村(居)民会议、村(居)民代表会议、村(居)民小组会议等形式,就经济社会发展、基础设施建设、社会综合治理、基层文化服务、生态环境保护、自治章程制定等基层治理中的重大问题提出意见建议,参与决策制定和实施。

（四） 民主管理

人民的事人民管,人民的事人民办。在中国,广大人民弘扬主人翁精神,发挥主体作用,积极行使民主权利,通过各种途径和形式,管理国家事务,管理经济和文化事业,管理社会事务。

参与国家政治生活和社会生活的管理。人民行使宪法赋予的各项权利并承担宪法赋予公民的责任和义务,积极主动参加选举、协商、决策、监督等,在各个层级、各个领域参与国家政治生活和社会生活的管理,知情权、参与权、表达权、监督权得到有力保障。

城乡社区民主管理。根据宪法法律和有关规定,农村和城市社区居民结合本地实际,由村(居)民讨论制定村(居)民自治章程、村规民约、居民公约等,明确规定村(居)民的权利和义务,村(社区)各类组织之间的关系和工作程序,以及经济管理、社会治安、消防安全、环境卫生、婚姻家庭、邻里关系、计划生育、精神文明建设等方面的自治要求,普遍实现村(居)民在基层公共事务和公益事业中的自我管理、自我服务、自我教育、自我监督。

企事业单位民主管理。全国超过1.5亿市场主体自主经营、自我管理、活力迸发,承载7亿多人就业,推动了中国经济总量、国家财力和社会财富稳定增长。根据宪法法律和有关规定,企事业单位普遍建立以职工代表大会为基本形式,以厂务公开制度、职工董事制度、职工监事制度为主要内容的民主管理制度。职工通过这些民主管理制度,参与企事业单位管理,维护单位职工合法权益,实现单位与职工协商共事、机制共建、效益共创、利益共享。目前,全国已建工会企业中,建立职工代表大会的企业有314.4万家,其中,非公有制企业293.8万家、占93.4%。

专栏7　基层群众自治组织参加疫情防控阻击战

新冠肺炎疫情暴发以来,基层群众自治组织积极配合基层政府,构筑起社区疫情防控的坚强防线。全国65万个城乡社区、400多万名城乡社区工作者奋战在社区疫情防控第一线,组织动员社区志愿者、下沉党员干部、驻社区单位工作人员等工作力量,开展人员摸排、小区出入口值守、环境消毒、关爱保障等工作,人人参与抗击疫情,为打赢疫情防控阻击战作出了重要贡献。

社会组织民主管理。社会团体、基金会、社会服务机构等社会组织,普遍制定章程,加强组织成员管理,自主开展活动,集中组织成员或服务对象的意见建议,以组织化的方式积极参与社会公共事务治理,在行业自律、社会服务、慈善事业等领域发挥民主管理作用。截至2021年11月,各级民政部门共登记社会组织超过90万家,其中全国性社会组织2284家。形式多样的社会组织成为人民民主管理的重要领域。

（五）民主监督

全面有效的民主监督,保证人民的民主权利不因选举结束而中断,保证权力运用得到有效制约。在中国,解决权力滥用、以权谋私的问题,不能靠所谓的政党轮替和三权分立,要靠科学有效的民主监督。中国结合本国实际,探索构建起一套有机贯通、相互协调的监督体系,形成了配置科学、权责协同、运行高效的监督网,对权力的监督逐步延伸到每个领域、每个角落。

人大监督。人民代表大会充分发挥作用,对宪法法律的实施、重大决策部署的落实等开展监督。各级人大及其常委会加强对"一府一委两院"执法、监察、司法工作的监督,确保法律法规得到有效实施,确保行政权、监察权、审判权、检察权得到正确行使。人民通过人大代表座谈会、基层群众座谈会、问卷调查、网络调研等"开门监督"的形式,积极参与人大监督工作。

民主监督。中国共产党支持民主党派和无党派人士在坚持四项基本原则基础上,在政治协商、调研考察,参与党和国家有关重大方针政策、决策部署执行和实施情况的监督检查,受党委委托就有关重大问题进行专项监督等工作中,通过提出意见、批评、建议等方式,进行民主监督。参加人民政协的各党派团体和各族各界人士在政协组织的各种活动中,依据政协章程,重点就党和国家重大方针政策和重要决策部署的贯彻落实情况,以提出意见、批评、建议的方式进行协商式监督,协助党和政府解决问题、改进工作、增进团结、凝心聚力。

行政监督。国家行政机关按照法定的权限、程序和方式，对行政机关自身的组织行为、行政行为进行监督，包括各行政机关自上而下、自下而上以及相互之间进行的监督。

监察监督。监察机关依法履行监察监督职责，对公职人员政治品行、行使公权力和道德操守情况进行监督检查，督促有关机关、单位加强对所属公职人员的教育、管理、监督。

司法监督。审判机关和检察机关依照法定职权和程序对人民授权的国家公权力进行监督。司法监督是党和国家监督体系中强制性程度最高的一种监督机制，是党和国家利用监督手段、维护公权力正确行使的"最后一道防线"。

审计监督。审计机关依法对本级各部门和下级政府预算的执行情况和决算以及其他财政收支情况，进行审计监督。

财会监督。财政部门根据法律授权，对财政、财务、会计管理的法律、行政法规、部门规章等执行情况进行监督。

统计监督。统计部门及负有统计调查职责的相关机关，对所有行使统计权力、负有统计义务的组织和人员进行监督，防范和惩治统计造假、弄虚作假，确保统计资料真实准确、完整及时，为经济社会发展提供扎实的统计保障。

群众监督。公民、法人或者其他组织通过各种方式,对各级国家机关及其组成人员履职情况进行监督,既可以依法申请行政复议、提起行政诉讼,也有权向监察机关检举控告监察对象不依法履职,违反秉公用权、廉洁从政从业以及道德操守等规定,涉嫌职务违法、职务犯罪行为。

> **专栏8 人民监督员制度**
>
> 人民群众通过特定程序选任为人民监督员,对案件公审、公开听证、巡回检察、法律文书宣告送达、案件质量评查、司法规范化检查等提出意见建议,有序参与司法过程,监督人民检察院办案活动。2003年以来,检察机关和司法行政机关先后选任人民监督员7万余人次,目前在任2.3万余人,监督案件6万余件。

舆论监督。媒体充分发挥舆论监督作用,对滥用公权、失职渎职等行为及时揭露曝光。随着互联网的快速发展,人们更多地借助网络等平台,对各级国家机关和公职人员提出意见、建议和批评,网络在舆论监督中发挥着越来越重要的作用。

四、广泛真实管用的民主

完整的制度程序和完整的参与实践,使全过程人民民主从价值理念成为扎根中国大地的制度形态、治理机制和人民的生活方式。人民当家作主,具体地、现实地体现在党治国理政的政策措施上,具体地、现实地体现在党和国家机关各个方面各个层级工作上,具体地、现实地体现在实现人民对美好生活向往的工作上。民主的阳光照耀中华大地,中国人民享有广泛充分、真实具体、有效管用的民主。

(一) 人民享有广泛权利

中国宪法规定,国家的一切权力属于人民;人民依照法律规定,通过各种途径和形式,管理国家事务,管理经济和文化事业,管理社会事务。中国的政治权力不是依据地位、财富、关系分配的,而是全体人民平等享有的。国家权力不是为资本服务的,而是为人民服务的。

中国实行公有制为主体、多种所有制经济共同发展,按劳分配为主体、多种分配方式并存,社会主义市场经济体制等社会主义基本经济制度,国民经济命脉牢牢掌握在人民手中,人民当家作主具有坚实经济基础和物质保障。

在中国,人民依法享有选举权和被选举权,享有对国家和社会事务的知情权、参与权、表达权、监督权,享有对任何国家机关和国家工作人员提出批评和建议的权利,享有言论、出版、集会、结社、游行、示威、宗教信仰等自由。人民既广泛参与国家、社会事务和经济文化事业的管理,也在日常生活中广泛充分行使民主权利,每个人都有多重民主角色,都享有相应民主权利。

在中国,人权得到充分尊重和有效保障。人民幸福生活是最大的人权。中国经济保持长期稳定快速发展,人民生活显著改善。中国建成世界上规模最大的社会保障体系,基本医疗保险覆盖超过 13 亿人、基本养老保险覆盖超过 10 亿人。中国全面建成小康社会,14 亿多人民彻底摆脱了绝对贫困,正迈向共同富裕。中国人民的获得感、幸福感、安全感不断提升,生存权、发展权、健康权得到充分保障,经济、政治、文化、社会、环境等方面权利不断发展。

中国人民享有的权利不断丰富发展。从新中国成立后在政治、经济平等基础上谋求生存发展,到改革开放后既追求物质富裕也追求精神富足,再到新时代打赢脱贫攻坚战、全面建成小康社会、扎实推进共同富裕、取得抗击新冠肺炎疫情重大战略成果,中国人民享有权利的内涵不断丰富、外延不断拓展,向着实现人的全面发展不断迈进。

专栏9　中华人民共和国民法典
2020年5月28日,十三届全国人大三次会议表决通过《中华人民共和国民法典》,自2021年1月1日起施行。民法典是新中国第一部以法典命名的法律,共7编、1260条,各编依次为总则、物权、合同、人格权、婚姻家庭、继承、侵权责任。民法典通篇贯穿以人民为中心的发展思想,着眼于满足人民对美好生活的需要,对公民的人身权、财产权、人格权等作出明确规定,体现了对人民权利的充分保障,被誉为"新时代人民权利的宣言书"。

（二）人民民主参与不断扩大

人民只有在投票时被唤醒、投票后就进入休眠期,只有竞选时聆听天花乱坠的口号、竞选后就毫无发言权,只有拉票时受宠、选举后就被冷落,这样的民主不是真正的民主。在中国,民主观念深入人心,人民的民主参与广泛持续,民主实践深深融入人们的日常工作和生产生活,民主蔚然成风,社会充满活力。

人民参与民主的意愿不断增强,参与的广度和深度不断拓展。人民既参与国家和社会事务管理,又参与经济和文化事业管理;既参与国家发展顶层设计的意见建议征询,又参与地方公共事务治理;既参与民主选举、民主协商,又参与民主决策、民主管理、民主监督;既通过人大、政协等渠道表达意愿,又通过社会组织、网络等平台表达诉求。从"数豆豆"①到电子投票,从群众跑腿到"数据跑路",民主参与的形式不断创新、渠道不断拓展。党和国家要做什么、如何做、做得怎么样,人民参与贯穿始终。

人民利益要求既能畅通表达,也能有效实现。民主,起始于人民意愿充分表达,落实于人民意愿有效实现。人民意愿只能表达、不能实现,不是真正意义的民主。在中国,人民的期盼、希望和诉求,从国家大政方针,到社会治理,再到百姓衣食住行,有地方说、说了有人听、听了有反馈。人民的意愿和呼声,经过民主决策程序成为党和国家的方针政策,并通过中央、省、市、县、乡镇各个层级的紧密配合、层层落实,通过各个职能部门之间主管、主办、协管、协办的分工合作、协调配合,通过决策、执行、检查、监督、问责等各个

---

① 新中国成立前,在抗日根据地、解放区的广大农村,中国共产党开展了广泛的民主选举活动。当时,绝大多数农民是文盲,为了让他们都能参加选举,中国共产党使用了很多有创意的办法,其中最为人所传颂的就是"豆选",即用豆子代替选票,选民只要把豆子投到代表自己想要选的候选人的碗里就可以了,最终以碗中豆子的多少决定谁当选。当时,很多地方流传着这样的歌谣:"金豆豆,银豆豆,豆豆不能随便投;选好人,办好事,投在好人碗里头。"

环节的相互配合、有机衔接,转化为实现人民意愿的具体实践。对于涉及自身利益的实际问题,人们通过信访平台、领导信箱、政务热线、网络"留言板"等提出意见和诉求,能够得到及时反馈和回应。

专栏 10　人民利益要求畅通表达

在"十四五"规划建议稿起草过程中,党中央向广大人民群众和社会各界公开征求意见,并在网络平台开通建言专栏。一位农村党支部副书记在专栏中提出"互助性养老"的建议,被写入党的十九届五中全会文件。

2021 年初,全国人大常委会就《反食品浪费法(草案)》公开征求公众意见。浙江省义乌市基层立法联系点的 15 家基层立法联络站,将征询意见建议座谈会开到餐饮街区,与餐饮店、便利店、小酒店的业主面对面讨论。大家提出的意见被采纳,体现在相关法律条文中。

新冠肺炎疫情暴发后,一位全国人大代表向全国人大建议,利用人工智能肺部 CT 技术筛查新冠病例,全国人大交由相关部门办理,很快得到答复采纳。

专栏 11　人民利益要求得到回应

中国多个地方建立了"街乡吹哨、部门报到""马上即办""接诉即办"等解民忧工作体系,形成了听取、分类、交办、反馈、督查的快速高效工作流程,真正做到了民有所呼、我有所应,及时高效解决了群众身边的操心事、烦心事、揪心事。

12345 政务服务便民热线(简称"12345 热线"),是中国各地市政府设立的由电话 12345、市长信箱、手机短信、手机客户端、微博、微信等方式组成的专门受理热线事项的公共服务平台,提供"7×24 小时"全天候人工服务。近年来,全国各地 12345 热线总体接通率逐年上升,成为人民群众的空中纾困热线。2020 年,全国各地 12345 热线平均接通率为 72.31%,平均接通时长为 16.20 秒。12345 热线通过人人起来负责、共同监督的方式,提高了政府为民服务水平,维护了人民的合法权益。

人民网"领导留言板"是为国家部委和地方各级党委政府主责领导干部搭建的全国性网上群众工作平台,自 2006 年设立以来,共持续促成近 280 万项民情民意得到各地各部门回应和落实。

(三) 国家治理高效

民主与国家治理紧密相关。民主的发展与国家治理的现代化相伴相生,相互作用,相互促进。绝无国家治理"失灵""低效",国内问题成堆,民主却是"世界样板"的荒谬现象。好的民主一定是实现良政善治的,一定是推动国家发展的。

中国民主的高质量,促进了国家治理的高效能,提升了国家治理体系和治理能力现代化水平。中国的民主,充分彰显了人民的主体地位,极大增强了人民的主人翁意识,人民既是民主的参与者,也是民主的受益者,智慧力量充分激发,既为自己也为国家、民族拼搏奋斗。中国的民主,有效调节国家政治关系,发展充满活力的政党关系、民族关系、宗教关系、阶层关系、海内外同胞关系,增强民族凝聚力,最大限度避免了牵扯,切实防止了相互掣肘、内耗严重的现象,形成了安定团结的政治局面和团结干事的强大合力。中国的民主,把党的主张、国家意志、人民意愿紧密融合在一起,使得党、国家和人民成为目标相同、利益一致、相互交融、同心同向的整体,产生极大耦合力,形成集中力量办大事的制度优势,有效促进了社会生产力解放和发展,促进了现代化建设各项事业,促进了人民生活质量和水平不断提高。中国的民主,始终把中国人民利益放在第一位,有效维护了国家独立自主,有效维护了国家主权、安全、发展利益,有效维护了中国人民和中华民族的福祉。

新中国成立70多年来,党团结带领人民,不断战胜前进道路上各种世所罕见的艰难险阻,成功走出中国式现代化道路,取得举世瞩目的发展成就,中国经济实力、综合国力、人民生活水平显著提升。对于中国这样一个人口多、体量大、人均资源禀赋处于世界较低水平的最大发展中国家,没有人民的主人翁地位和主人翁精神,没有亿万人民的团结奋斗,实现这样的发展是不可能的。中国的民主,真正把发展为了人民、发展依靠人民、发展成果由人民共享落到实处,充分调动起人民的主观能动性,这是中国之治的“密码”,是中国民主的力量。

（四） 社会和谐稳定

民主是人类社会进步的产物和标志。发展民主，要推动社会向着自由、平等、公正、文明、团结、和谐的方向前行。好的民主，应凝聚社会共识，而不是造成社会撕裂和冲突；应维护社会公平正义，而不是导致社会阶层和利益固化；应保持社会稳定有序，而不是带来混乱和动荡；应让社会充满向美向善向上的正能量，而不是充斥假恶丑的负能量。

中国国情复杂，治理难度世所罕见。中国的人民民主，实现各方面意志和利益的协调统一，实现各方面在共同思想、共同利益、共同目标基础上的团结一致，人民安居乐业、心情舒畅，社会和谐稳定、生机勃勃。中国用几十年时间走过了西方发达国家几百年走过的工业化历程，在剧烈的社会变革中，没有发生后发国家在现代化进程中容易出现的社会动荡，不仅创造了经济快速发展奇迹，也创造了社会长期稳定奇迹。中国人民经历了几千年历史上个人自由的最大发展，思想可以自由地表达，人员可以自由地流动，亿万人民的创新源泉充分涌流、创造活力竞相迸发。今天的中国，人们自由自在地穿梭于城乡之间、城市之间；每天有

1.6 万户企业诞生；10 亿网民通过网络了解天下大事、进行交流、表达观点……中国社会开放自由，但始终保持了社会团结和谐、稳定有序。人民民主既是中国社会进步的推进器，也是中国社会进步的润滑剂。

（五）权力运用得到有效制约和监督

权力是把"双刃剑"。权力在有效制约和监督下运行才能实现民主、造福人民，权力失去约束、恣意妄为必然破坏民主、危害人民。中国不断加强对权力运行的制约和监督，始终坚持公权力姓公，始终坚持权为民所用，确保人民赋予的权力始终用来为人民谋幸福。

把权力关进制度的笼子里。加强对权力的制约和监督，制度具有根本性、全局性、稳定性和长期性。持续推进依规治党，持续推进依法治国、依法执政、依法行政，依法设定权力、规范权力、制约权力、监督权力，让权力在阳光下运行。健全完善党内法规制度体系，严明纪律规矩，使党的各级组织和党员干部都在纪律规矩范围内活动。普遍实行领导干部任期制，实现了国家机关和领导层的有序更替。加强对领导干部特别是高级领导干部的管理，严格规范工作和生活待遇，坚决防止形成特权阶层。

健全党和国家监督制度，坚持和完善党和国家监督体系，完善党务、政务、司法和各领域办事公开制度，保证党和国家领导机关和人员在法定的"权力清单"和"责任清单"范围内、依照法定程序开展工作，最大限度防止权力出轨、个人寻租。

坚决反对和惩治腐败。腐败是人民民主的大敌。中国以"得罪千百人、不负十四亿"的鲜明态度，坚定不移推进反腐败斗争。坚持系统施治、标本兼治，不敢腐、不能腐、不想腐一体推进，惩治震慑、制度约束、提高觉悟一体发力。坚持反腐败无禁区、全覆盖、零容忍，坚持重遏制、强高压、长震慑，坚持受贿行贿一起查，坚持有案必查、有腐必惩，以猛药去疴、重典治乱的决心，以刮骨疗毒、壮士断腕的勇气，坚定不移"打虎""拍蝇""猎狐"，以雷霆之势、霹雳手段惩治腐败，持续形成强大震慑，反腐败斗争取得压倒性胜利并全面巩固。在解决腐败这个古今中外治国理政的顽疾方面，中国不仅有鲜明态度，更有实际行动。

评判一种民主形式好不好，实践最有说服力，人民最有发言权，归根结底要看能不能让人民过上好日子。中国的民主行不行、好不好，归根结底要看中国人民满意不满意、中国人民拥护不拥护。有数据显示,近年来,中国人民对中国政府的满意度每年都保持在 90% 以上,这是中国民主具有强大生命力最真实的反映。中国的民主道路走得通、走得好,中国人民将沿着这条道路坚定走下去。

五、丰富人类政治文明形态

民主是人类社会历经千百年探索形成的政治形态,在人类发展进程中发挥了重要作用。但是,20世纪以来,在波涛汹涌的民主化大潮中,有的国家停滞不前,有的国家陷入动荡,有的国家分崩离析。当今世界,既面临"民主过剩""民主超速",也面临"民主赤字""民主失色"。民主怎么了?民主还管用吗?回答"民主之问",廓清"民主迷思",关乎世界和平发展,关乎人类文明未来。一些国家的民主化出现挫折甚至危机,并非民主本身之错,而是民主实践出现了偏差。

中国的民主经历了选择、探索、实践与发展的艰辛历程。中国基于本国国情发展全过程人民民主,既有着鲜明的中国特色,也体现了全人类对民主的共同追求;既推动了中国的发展与中华民族的复兴,也丰富了人类政治文明形态。

（一）为人类民主事业发展探索新的路径

一个国家在现代化进程中,实现民主发展与政治稳定、社会进步的良性互动,极其重要,也极为不易。

中国的现代化,没有走西方老路,而是创造了中国式现代化道路;没有照搬照抄西方民主模式,而是创造了中国式民主。占世界人口近五分之一的 14 亿多中国人民真正实现当家作主,享有广泛权利和自由,提振了发展中国家发展民主的信心,为人类民主事业发展探索了新的路径。这是中国对人类政治文明的重大贡献,也是人类社会的巨大进步。

人民当家作主,是中国民主的初心。中国在发展民主的进程中,也走过弯路,遇到过挫折,但始终坚守初心,不动摇、不偏移、不走样。今天的中国,人民当家作主的内涵不断丰富、渠道不断拓宽、效能不断提升,中国民主不断向前推进。

树立正确的民主观,并一以贯之地坚持、发展与创新,是发展民主的首要,是实现民主的"总钥匙"和"总开关"。真民主、好民主,要做到人民当家作主,人民不仅有选举、投票的权利,也有广泛参与的权利;不仅能表达自己的意愿,也能有效实现;不仅推动国家发展,也共享发展成果。

（二）走符合国情的民主发展道路

民主是多样的,实现民主的道路并非只有一条。各国的历史文化不同、现实国情不同,民主的形式选择必然不同。照搬照抄其他国家的民主模式,必然导致水土不服、弊病丛生,甚至陷入政治动荡、社会动乱、人民流离失所。

对中国这样一个大国来说,选择什么样的民主发展道路至关重要。中国注重吸收借鉴人类政治文明一切有益成果,但绝不照抄照搬别国民主模式;欢迎一切有益的建议和善意的批评,但绝不接受"教师爷"般颐指气使的说教。坚持中国的民主按照中国的特点、中国的实际来设计和发展,坚定不移走符合国情的民主发展之路,是中国民主发展的一条基本经验。

中国发展民主,始终立足人口多、基础弱、底子薄的基本国情,正确把握民主与发展的关系,始终把发展作为第一要务,以民主促进国家发展、在国家发展基础上推进民主,不离开发展空谈民主;始终传承 5000 年中华文明,注重从中华优秀传统文化中汲取智慧和养分;始终准确把握中国所处的历史阶段,紧密结合经济社会发展水平推进民主,积极稳妥、稳中求进,不好高骛远,不急于求成,不犯颠覆性错误;始终坚持问题导向,不断发现问题、善于解决问题,每解决一个问题就把民主建设向前推进一步,不断推动民主制度体系更加成熟、更加定型。

世界上不存在完全相同的政治制度,也不存在适用于一切国家的政治制度模式。各国应根据自身特点选择符合自身现代化发展的民主形态,学习借鉴而不是照抄照搬。适合的就是最好的。只有扎根本国土壤、汲取充沛养分的民主,才能不断发展完善,才最可靠也最管用。外部干涉和所谓的"民主改造"贻害无穷。中国不寻求输出中国的"民主模式",也绝不接受任何外部势力企图改变中国的制度模式。中国坚定支持各国自主选择本国的民主发展道路,反对外部势力以"民主"为借口干涉他国内政。

(三) 推动国际关系民主化

民主在一国内体现为人民当家作主,在国家间则体现为国际关系民主化。一个国家的尊严应该得到尊重,主权、安全和发展利益不应受到侵犯。以自己的尺度评判他国,甚至通过颜色革命、使用武力迫使他国照搬自己的政治制度、民主模式,这是反民主的。

中国是民主的忠实追求者、积极推动者和模范实践者，不但在本国积极发展人民民主，而且在国际上大力推动国际关系民主化。面对世界百年未有之大变局，中国高举和平、发展、合作、共赢的旗帜，提出构建人类命运共同体理念，推动建设相互尊重、公平正义、合作共赢的新型国际关系。面对全球范围内经济、科技等领域竞争，中国不是把对方视为对手，而是视为伙伴；不是搞冷战和对抗、控制和操纵，而是促进交流合作、实现互利共赢。中国积极发展全球伙伴关系，构建总体稳定、均衡发展的大国关系框架，按照亲诚惠容理念和与邻为善、以邻为伴周边外交方针深化同周边国家关系，秉持正确义利观和真实亲诚理念加强同发展中国家团结合作。中国推动共建"一带一路"走深走实，与其他国家加强交流合作、共享发展机遇，"一带一路"成为广受欢迎的国际公共产品。

当今世界，民主平等、公平正义远未实现。少数国家漠视国际公理、践踏国际准则、违背国际民意，公然侵犯他国主权，干涉他国内政，动辄以大欺小、恃强凌弱，把"地球村"变成弱肉强食的原始丛林。面对充满挑战的世界，各国应大力弘扬民主精神，不论大小、强弱、贫富，在国际关系中一律平等。大国要有大国的样子，要以人类前途命运为要,对世界和平与发展担负更大责任,而不是依仗实力搞唯我独尊、霸凌霸道。世界的命运应由各国人民共同掌握,国际规则应由各国共同制定,全球事务应由各国共同治理,发展成果应由各国共同分享。

(四) 加强文明交流互鉴

实现民主有多种方式,不可能千篇一律。人类民主事业的真正阻碍,不是民主模式的差异,而是对他国民主探索的傲慢、偏见和敌视,是把本国民主模式强加于人的"唯我独尊"。人类政治文明的百花园之所以绚烂多彩,正是由于不同文明各有千秋。各国应坚持平等非歧视原则,相互尊重彼此的民主模式,既致力于本国探索,又加强交流互鉴;既各美其美,又美美与共,共同推动人类文明向前发展。

"一人一票"是民主的一种形式,但绝非民主的唯一和全部。长期以来,民主本义被少数国家异化歪曲,"一人一票"、政党竞争等西方选举制度被包装成民主的唯一标准。少数国家把民主作为政治工具,以同我即对、非我即错的霸权思维,以民主名义干涉别国内政、侵犯别国主权、服务自身政治目的,打着民主旗号在世界上煽动对抗与分裂,加剧国际紧张局势,成为世界乱源。人类文明要继续向前迈进,各国要实现和平共处、共同发展,必须探索民主真谛,把民主擦亮。

政党是现代国家治理中的重要主体,是推动人类社会进步的重要力量。在人类文明发展的历史潮流中,各国政党应本着对人类前途命运高度负责的态度,担当起引领推动人类民主事业发展的责任,以民为本,开放包容,求同存异,相互尊重,更好实现本国民主发展,更好实现人民幸福。中国共产党愿继续同各国政党和政治组织一道,深化交流,加强互鉴,共同促进人类社会发展进步。

结　束　语

民主没有最好，只有更好。人类对民主的探索和实践永无止境。

中国的民主发展取得了显著成就，同时，与现代化建设的新要求、与人民对民主的新期待相比，中国的民主还需要不断发展完善。在全面建设社会主义现代化国家新征程上，中国共产党将继续高举人民民主旗帜，始终坚持以人民为中心的发展思想，坚定不移推进全过程人民民主，在不断推动人的全面发展、全体人民共同富裕中实现民主新发展，让民主之树根深叶茂、永远常青。

当今世界，正处于百年未有之大变局，既充满机遇和希望，也充满风险和挑战。只有尊重各国人民自主选择的民主道路，坚持和平发展，维护公平正义，拓展民主自由，提升人民幸福，才能汇聚全人类文明发展的强大合力，共同迈向更加美好的明天。

文明因交流而多彩，文明因互鉴而丰富。中国人民愿同世界各国人民一道,弘扬和平、发展、公平、正义、民主、自由的全人类共同价值,本着相互尊重、求同存异的精神,共同丰富发展人类政治文明,共同推动构建人类命运共同体。

责任编辑：刘敬文

图书在版编目（CIP）数据

中国的民主/中华人民共和国国务院新闻办公室 著.—北京：人民出版社，2021.12
ISBN 978－7－01－024365－8

Ⅰ.①中… Ⅱ.①中… Ⅲ.①社会主义民主-白皮书-中国 Ⅳ.①D621

中国版本图书馆 CIP 数据核字（2021）第 248512 号

中国的民主

ZHONGGUO DE MINZHU

（2021 年 12 月）

中华人民共和国国务院新闻办公室

人民出版社 出版发行
（100706 北京市东城区隆福寺街 99 号）

中煤（北京）印务有限公司印刷 新华书店经销

2021 年 12 月第 1 版 2021 年 12 月北京第 1 次印刷
开本:787 毫米×1092 毫米 1/16 印张:4
字数:32 千字

ISBN 978－7－01－024365－8 定价:18.00 元

邮购地址 100706 北京市东城区隆福寺街 99 号
人民东方图书销售中心 电话 （010）65250042 65289539

版权所有·侵权必究

凡购买本社图书,如有印制质量问题,我社负责调换。

服务电话:（010）65250042